manzana

яблоко

pera

груша

naranja

апельсин

limón

лимон

uvas

виноград

fresa

клубника

sandía

арбуз

COCO

КОКОС

plátano

банан

frambuesa

малина

kiwi

киви

cereza

вишня

arándano

черника

ciruela

слива

melocotón

персик

higo

инжир

piña

ананас

mango

манго

caqui

хурма

coliflor

цветная капуста

calabacín

цуккини

berenjena

баклажан

zanahoria

морковь

patata

картофель

repollo

капуста

tomate

помидор

espinacas

шпинат

brócoli

брокколи

guisantes

**горох

calabaza

тыква

calabaza

мускатная тыква

aguacate

авокадо

alcachofa

артишок

seta

гриб

rábano

редиска

ajo

чеснок

cebolla

лук

remolacha

свекла

puerro

лук-порей

pimiento

болгарский перец

chile

перец чили

espárragos

спаржа

9 782384 571864